AF440341

LA FRANCE

EN DÉLIRE

PAR

UN SOLITAIRE

SAINT-QUENTIN

IMPRIMERIE JULES MOUREAU

—

1872

Quelles sont à l'heure présente 1872, les grandes idées dominantes, les idoles du grand nombre, les fétiches des hommes du progrès au xixe *siècle.*

1.º *Liberté ;*

2º *Libéralisme ;*

3º *Liberté des cultes ;*

4º *Liberté de la presse ;*

5º *Liberté d'association* (Intern.) ;

6º *Liberté des mœurs* (théâtre, cabaret) :

7º *L'Université ;*

8º *Suffrage universel ;*

9º *Politique moderne.*

10º *Remèdes.*

Conclusion.

PROLOGUE

Lorsque des personnes atteintes d'aliénation mentale ont quelques moments lucides, des amis en profitent pour s'adresser à leur raison et à leur cœur... calmer le mal et le guérir, si la chose est possible.

Un mot à la France, pour lui signaler en ami dévoué, son hallucination volontaire et lui faire du bien, s'il se peut, tel est mon but.

LA FRANCE EN DÉLIRE

La France — Les Français.

« Il y a fagot et fagot, » dit le proverbe ; il y a Français et Français. Certes, je ne prétends pas démontrer que tous les citoyens du beau pays de France sont atteints d'aliénation mentale !... Il y a encore des Français de la vieille France, comme au temps de César, amis de la patrie et de la raison, ainsi qu'il y a encore des soldats dignes de Tolbiac, de Bouvines et d'Austerlitz... des généraux, en petit nombre, de la race de Bayard et de Duguesclin ; j'ai nommé le duc de Magenta, mais j'affirme et je prouve que s'il y a encore des Français, il n'y a plus de France ; il y a des soldats, plus d'armée française !

On rencontre encore la loyauté, la franchise, le dévouement, les convictions, la foi, la religion, mais, je le démontrerai, ce n'est là qu'une noble et rare exception ! et voici la proposition que j'émets et que je démontre par A $+$ B, en ma qualité de mathématicien et de philosophe : Une nation dont le plus grand nombre a perdu la raison dans les questions les plus importantes est frappée de démence.

Or, telle est la France. — Concluez... cher lecteur. — Je commence.

Liberté.

« Je veux être indépendant. Tel est le mot préféré du jour... L'enfant veut être indépendant et son père aussi, voire même madame sa mère.

L'ouvrier prétend bien être indépendant, ainsi que son patron. Tout ce qui est entré dans l'administration civile ou militaire, se plaint du despotisme et aspire à se dégager de l'engrenage inflexible de la grande machine, pour être enfin maître de soi et respirer en liberté !

Est-ce vrai, oui ou non ?

Et vous appelez cela de l'erreur, de la folie, de l'absurdité ? Veuillez le croire, ami lecteur, et vous public que j'aime assez pour vous dire la vérité, je ne suis pas un critique maussade et pointilleux, un Zoïle enfin, mais bel et bien un bon Aristarque, un ami dévoué. Arrive que pourra de la popularité, car « dire vrai est moult dangereux ! »

Oui, tous ces refrains, de bas en haut, ne sont que des inepties, des absurdités : écoutez, de grâce, et répondez vous-même.

Dans le corps humain, si beau, si parfait, si harmonieux, un chef-d'œuvre enfin, tous les membres sont-ils libres, un seul peut-il avec raison revendiquer son indépendance ? Vous connaissez la fable des *Membres et l'Estomac*, dans le bon La Fontaine, et l'usage qu'en fit à Rome, en un jour de délire, au Mont-Aventin, le sénateur Menenius !

Or, toute société est un corps organisé : tête, buste, membres... Ne dit-on pas de temps immémorial le corps social ?

Société de la famille, type de tous les autres ; société du maître ; société conjugale, société civile.

Tout membre, donc, qui se déclare indépendant est un être qui n'a pas la première notion de la société... il veut son malheur, sa mort, et, s'il se pouvait, la ruine de sa patrie !

Qu'en pensez-vous, lecteur ? que répondent la raison et le sens commun ?

Absurde. absurde !

Il n'y a point de malice dans votre fait, mais quelque peu de légèreté gauloise. Acceptez donc franchement cette petite leçon d'ami, et faites-la fructifier.

Faxit !

Libéralisme.

La liberté est le lot de tous ; des hauts et puissants seigneurs et du menu fretin... mais le libéralisme est la convoitise et comme le mets exquis de la gent gantée et frottée de grec et de latin, quelque peu de la noblesse en ces jours difficiles et troublés. J'accuse le fait et je respecte l'intention. Ainsi Berryer, Montalembert, de Falloux, de Broglie, Cochin sont libéraux. Le dire et le vouloir ne peuvent ici se confondre... Dieu juge l'intime, le critique s'empare de la doctrine, et en condamnant l'erreur il aime toujours son frère et voudrait l'éclairer ; il laisse à Dieu le jugement de sa conscience pour le jour de la grande manifestation.

Le libéralisme, par excès de générosité, sans doute tient ce langage à tous les citoyens...

Chacun est libre de penser et d'agir à sa façon. La vérité et l'erreur ont désormais droit de bourgeoisie au soleil du dix-neuvième siècle... Vous êtes protestant et je suis catholique ; je vous serre la main et vous invite à dîner. Vous usez de votre droit et moi du mien. Un rédacteur de l'*Union* fraternise dans l'intimité avec un voltairien du *Siècle*, sauf à le combattre dans ses colonnes pour faire triompher sa conviction.

Cavour et les siens sont pour la séparation de l'Eglise et de l'Etat; l'Eglise libre dans l'Etat libre.

Mais voici qui est plus fort, ou plus faible, comme on voudra. Ce libéralisme illimité est décoré par ces messieurs du beau nom de progrès !

Ainsi donc :

1º La vérité et l'erreur ont le même droit à notre estime et à notre sympathie...

2º Le bien et le mal peuvent s'étaler en toute confiance, ce n'est qu'une affaire de goût. Vous aimez la muscade et moi le cornichon. « Des goûts et des couleurs on ne discute pas. »

3º L'honnète et l'injuste ont leurs partisans, ce n'est qu'une question de nuances ou de préjugés sans doute.

Savez-vous, cher lecteur, le nom que le Souverain-Pontife, oracle infaillible de la vérité, a donné à cette étrange aberration ? Délire, *deliramentum.*

Comment se déclarer libre entre la lumière et les ténèbres, le jour et la nuit !...

Prétendre qu'une nourriture saine ne doit pas l'emporter sur un aliment grossier, malfaisant, allez donc par la France vendre un vin généreux ou une liqueur frelatée, un poison subtil, et on vous dira gravement : vous êtes libre !

L'homme raisonnable est-il libre de se donner la mort avec le poison, ou le chef de la société peut-il tolérer la vente de produits envenimés ? Et que faites-vous, libéraux et libérâtres, par vos prétendues idées larges... et tous ces compromis ? Vous tuez les âmes.

Liberté des Cultes.

Mettre sur le même rang tous les cultes, vraiment, il faut un siècle comme le nôtre pour voir de pareilles anomalies... L'histoire ne nous présente pas un spectacle de ce genre depuis l'origine des choses.

Placer au même niveau Jésus-Christ, Luther, Mahomet, c'est donc la glorification du vrai et du faux, du bien et du mal, de la chair et de l'esprit, de l'infernal et du céleste ; — et que faites-vous de la balance de la Justice?... «A chacun selon ses œuvres. »

Arrière toutes ces religions écloses dans des cerveaux malades, comme les champignons dans la fange.

Un Mahomet, ce jongleur de La Mecque, et le Saint des Saints, le Jésus de Bethléem et de

Nazareth, le Thaumaturge par excellence, divin par sa vie, sa doctrine et sa mort! Luther, apostat, adultère, vilipendé et surnommé de son temps le Père Buveur, et le Fils de Dieu; la vertu incarnée et le Roi des vierges!

Liberté de regarder Dieu comme un tyran, auteur du bien et du mal, du vice et de la vertu, avec Luther... ou de le proclamer infini, parfait, saint, sage, plein de bonté, quelle monstrueuse comparaison!

Vertige, vertige!

En proclamant la liberté des cultes, vous abaissez la religion chrétienne au niveau des sectes de fabrique humaine... Vous découronnez Jésus-Christ, et vous lui jetez de nouveau un lambeau de pourpre sur les épaules, un roseau insulteur; vous en faites un roi de théâtre. — Nouveaux Pilate, Hérode de la seconde race, arrière, arrière!

Et c'est en France, pays façonné par la religion du Christ, comme les rayons de miel le sont par l'abeille, que l'on tient ce langage; la France qui ne fut grande que par sa foi, sous Clovis, Charlemagne, Louis XIV!

Misérables pygmées, vous prétendez donc avilir la patrie, déchirer son histoire, briser son blason, découronner cette reine et en faire une courtisane, jouet de toutes les passions et de toutes les hontes!

Assez, vous n'êtes pas Français; vous n'êtes pas ses légitimes enfants mais d'impudents bâtards!

Le Christ aime la France, tel fut le cri de nos

pères et les premiers mots de notre charte dans la loi salique. Les vrais Français aiment le Christ.

A lui seul honneur et gloire !

Liberté de la Presse.

Tout ce qui ébranle les fondements de la société religieuse ou civile doit être écarté impitoyablement... Ainsi le veut la raison et l'essence des choses....

Or, par le temps qui court, les démolisseurs, hommes de lettres, plus ou moins, écrivassiers, journalistes, s'acharnent chaque jour à détruire ce qui vient du Ciel, autorité, respect. On veut rompre cette chaîne qui rattache l'homme à Dieu : son principe, sa fin, son père... Guerre à la Religion de Jésus-Christ, tel est le mot d'ordre, c'est la fable des Titans soulevés contre Jupiter...

L'armée de ces phraseurs creux, grivois et parfois polis, est organisée savamment ; elle a ses chefs, son général, ses soldats et ses recrues ! Le général se nomme Satan, Lucifer porte-lumière... Sur son étendard, on lit ce mot magique : « Progrès.» Autour du maître se rangent tous les demi-dieux de la littérature volante : rédacteurs de grands journaux, de revues, et faiseurs de romans... D'ordinaire ces petites divinités siégent dans la nouvelle Babylone, adulés, encensés, applaudis. Les soldats de ces légions et les chefs subalternes, sont éparpillés en province, recevant de Babylone la consigne et le mot du guet.

Ils se croient redoutables, et volontiers ils prennent leur plume pour une épée, *car l'ignorance toujours est prête à s'admirer*. Non, non ! leur plume n'est pas une plume d'aigle, trop souvent c'est la plume d'oie ; leur force vient de la faiblesse ou de la division de leurs adversaires...

Par aveuglement et peut-être par couardise, on leur laisse toute liberté, toute licence d'insulter la Religion et ses ministres, Dieu et ses œuvres, Jésus-Christ et son Eglise, son Evangile et sa Morale!...

Ainsi le veut l'esprit du siècle et le désir des gouvernants... Si un père autorisait ses enfants, ingrats et vicieux, à outrager leur mère, à lui jeter chaque jour à la face l'outrage, le mépris, la dérision... qu'en dirait le public ? et voici qu'une nuée de citoyens déclassés, ambitieux, perdus de mœurs trop souvent, déversent à pleines mains le ridicule, le sarcasme sur ce qu'il y a de plus grand, de plus saint et de plus auguste sur la terre, et l'autorité se tait, elle est de connivence, par silence coupable ; on la proclame généreuse, progressive, politique !

Voyez-vous autour de ce palais tous ces travailleurs, armés de haine et le fer à la main... Les fondements de l'édifice sont à nu, et déjà sous les coups redoublés de ces vandales, les murs chancellent et bientôt le sol jonché de débris ne présentera qu'une immense ruine !

La Société est en péril... On s'acharne à renverser tous les principes qui en sont la base, et l'autorité regarde, impassible, hébétée, elle laisse faire le journalisme, et bientôt sur ces décombres, amoncelés avec le sang des victimes, on pourra inscrire ces mots :

« Liberté de la Presse ! »

Caveant !

Liberté des Associations.

(INTERNATIONALE.)

Les castors se réunissent en grand nombre pour jeter une digue dans un fleuve, bâtir leurs demeures et se défendre contre l'ennemi... Un phénomène, contraire, étrange, se présente en France et dans sa capitale... Les Parisiens, qu'on a appelés les castors de la démolition, se sont organisés en petite république avec les recrues cosmopolites du monde entier : bohémiens, ouvriers, artistes sans ouvrage, marchands sans clientèle, médecins sans malades, avocats hableurs sans cause, etc., etc., le tout dans le but de renverser tous les obstacles qui s'opposent à leurs rapines et à l'assouvissement de leurs passions brutales...Cet immense troupeau d'hommes ou de bêtes fauves a pris pour devise :

Renverser le trône et l'autel.

Aujourd'hui, cette armée de sauvages se nomme l'Internationale ; naguère c'était la Franc-Maçonnerie ; les deux barrières, les deux digues qui arrêtent ce flot toujours croissant de la barbarie humaine, sont le trône et l'autel, ou la religion et l'ordre... Et ces deux grandes choses reposent sur une base commune , ferme comme la vérité et inébranlable comme le granit : Dieu enfin !

Pour ces nouveaux barbares, Dieu est le rempart qui brise leurs efforts et déconcerte leurs tentatives sanglantes. Aussi pour eux :

Dieu c'est le mal !

Leur chef avoué est un personnage mystérieux, connu des initiés seulement ; leur roi ou leur despote, c'est Satan ; tel est le nouvel Attila qui s'avance avec ses Huns pour étouffer dans le sang la Religion du Christ, la Société, la Civilisation...

Or sus, que penser d'une nation qui s'endort en face d'une menace toujours plus terrible et d'une armée sans cesse grossissante !.. On entend les mugissements de cet Encelade sous la montagne tremblante et on s'endort sur le bord du cratère béant ;

Délire ! vertige !..

Dans ces derniers temps, la Commune de Paris, recrutée dans les rangs de l'Internationale a prouvé avec le sang , l'incendie et la ruine , ce qui attend la France si elle laisse se développer cette association infernale et grandir le tigre ! Il ne suffit pas de l'enchaîner, de le museler ou de le jeter dans une cage de fer ; il faut l'étrangler, c'est l'hydre de Lerne, mais qui nous donnera un Hercule ?

Dieu seul...

Liberté des Mœurs.

(THÉATRE, CABARET.)

Il y a dans la Société des choses saintes que l'autorité souveraine doit toujours faire respecter : Dieu, ses représentants, la famille, la vertu, l'honneur, la loyauté.

Le théâtre, par des peintures saisissantes, la mise en scène des acteurs, peut exercer sur les masses qui hantent le parterre, un immense prestige et une séduction désastreuse ; or, telle est la dépravation du jour, que jamais, peut-être, machine plus puissante ne fut mise en mouvement pour la dépravation du peuple et la ruine d'une nation ?

Là, rien de ce qui est saint n'est respecté, on réhabilite la chair et la courtisane dans *Marion Delorme*, de V. Hugo, et on traîne aux gémonies la Majesté royale dans le *Roi s'amuse* ; La *Séraphine*, de Sardou, attache au pilori du ridicule la vertu et les mœurs chrétiennes !..

Le théâtre est une école de démoralisation et d'impiété...

Les païens avaient plus de respect pour le public, pour la Majesté des Dieux et le sanctuaire de la famille ; quand on parcourt le théâtre grec, on reconnaît dans Sophocle, Eschyle, Euripide, des maîtres qui savent peindre et parler aux âmes !

A notre époque, on s'adresse aux nerfs, à l'imagination, à la sensibilité, sans nul souci de ce que les anciens appelaient la pudeur publique :

Décadence ! décadence !..

Comme aux jours de la ruine de Rome : on ne demande plus que du pain et des spectacles, et encore... des révolutions et des breuvages qui tuent l'âme et consument le corps !

Vit-on jamais une telle frénésie à tout àge, pour hanter ces lieux de débauche et de prostitution, et on laisse faire, l'autorité ferme les yeux !

Vertige ! vertige !

A peine sorti de l'enfance, j'allais dire du maillot, l'enfant, le gamin, convoite, je ne sais quelle poussière malsaine à fumer ! Il met tout son esprit, son industrie à se nantir d'une feuille de tabac, d'un cigare, et les parents laissent le bambin humer cette fumée délétère, qui trop souvent compromet leur santé, noircit l'ivoire de leurs dents, et leur laisse une respiration infecte et cadavéreuse. Pauvres enfants, parents coupables vous expierez dans les regrets et la honte cette précocité d'enfer !

La race des Francs est dégénérée, les enfants sont abatardis, rachitiques, vieillards à vingt-cinq ans, traînant l'ignominie sous un soleil encore jeune ; il semble qu'on entend déjà les pas du fossoyeur qui guette sa proie et va creuser sa tombe avec cette épitaphe vengeresse :

Ci-git le Libertin du XIXe siècle.

L'Université.

« Donnez-moi l'Enseignement pendant trente ans et je change un peuple. » Ainsi parlait un profond penseur , Joseph de Maistre. La Révolution se promène en France, et de la France dans le monde depuis un demi-siècle. Qui donc a façonné ces générations ? l'Université... Le grand nombre de ces maîtres, titrés et soldés par l'Etat, prône la Révolution et il doit en être ainsi dès qu'on sape tous les principes de l'ordre : Dieu, la conscience, la sanction, l'âme, l'immortalité !

Vous plaît-il d'entendre les coryphées de ce grand corps dont la tête touche le Ciel par l'orgueil et dont les pieds sont enfouis dans la fange et la mort.

« Dieu c'est un bon vieux mot, dit Renan ; la conscience, un mécanisme. » « La pensée, une sécrétion du cerveau, ajoute le nouvel académicien Littré. » « L'homme descend du singe, au dire de l'ex-ministre de l'instruction publique. » « Je ne m'inquiète pas de l'avenir, de ces terres inconnues, ajoute le n° 606, Jules Simon, ministre de l'instruction et des cultes sous Thiers, le Mirabeau-mouche, le révolutionnaire, le fataliste impénitent ; Jésus-Christ n'est qu'un mythe, un symbole, une abstraction, un quelque chose qui n'a jamais existé, etc. , etc. »

Qu'en dites-vous sincère et franc lecteur, — voulez-vous, pour plus ample informé, parcourir le *Catéchisme de l'Université,* par un montagnard vivarais, ou *le Monopole universitaire, l'Athéisme et le péril social,* par Mgr Dupanloup, son avertissement aux pères de famille, *Le Mémoire* de M. Combalot, etc., etc.

Vous conclurez forcément :

Il n'y a pas d'organisation plus délétère, de moule plus puissant pour couler les jeunes générations au coin de l'impiété et de la dépravation, d'officine plus infernale pour fausser l'esprit, dessécher le cœur, anéantir les nobles sentiments et user le corps par la précocité de la corruption...

Parents malavisés vous confiez vos fils à ces mercenaires égoïstes et superbes... Ils vous rendront des cadavres, c'est Saturne qui dévore ses enfants, et j'entends vanter l'enseignement universitaire, et ce baccalauréat aléatoire et abrutissant.

Naguère, en pleine Académie, Deville flétrissait la méthode de ces Platons en simarre ; il annonçait la décadence des lettres : « Nous avons fermé la porte au vrai progrès, disait-il ! »

Un autre académicien pour stigmatiser cette invention encyclopédique du *bachot,* selon l'argot des écoles, proclamait cet examen dérisoire « une œuvre de cuistre. »

Et l'Etat ne paraît pas soupçonner la gravité du mal qui éteint toute grandeur dans le cœur et l'esprit de la jeunesse ; il y a vingt ans, l'immortel Timon disait : « Il n'y a plus dans la jeune génération d'essor et de souffle, c'est le terre à terre, la fièvre du lucre, des jouissances et la fange : Il n'y a plus d'homme !

Alma mater, voilà ton ouvrage !

Suffrage universel.

Voici le grand fétiche du jour ; le *nec plus ultra* du progrès ! tous les citoyens appelés à la direction de la chose publique par le bulletin de vote déposé dans l'urne nationale ! Dérision sanglante... Immense bêtise, disait naguère un journaliste illustre, et il ajoutait : qui donc voudrait confier à un tel jury, la gestion de la moindre affaire, on refuserait même de lui abandonner le soin de son chapeau ou de ses bottes !

Grand mot vide de raison et gonflé de sottise...

Ainsi donc, il est question des problèmes les plus ardus en politique : quelle sera la forme du gouvernement la mieux adaptée au genre d'une nation. Ce qu'il convient de faire pour le mieux dans les conjonctures les plus délicates et les plus décisives... Bref... Dégager la redoutable inconnue d'un problème si compliqué que les plus habiles n'ont pu trouver sûrement!...

Et quels sont donc les juges compétents qui sont appelés à trancher la difficulté, le nœud gordien ?

Dérision, Dérision !

La masse des ignorants ne comprenant pas le premier mot de la question car dans le suffrage universel , c'est le nombre et nullement la qualité qui décide et triomphe ; c'est un coup de dé qui gouverne ! et ce phénomène se passe au pays le plus spirituel du monde (vieux style). Les Français sont donc retombés en enfance... Autre folie tout à fait personnelle ! l'armée est appelée à donner aussi son vote...

L'armée qui n'est et ne doit être qu'un instrument d'ordre aux mains du pouvoir, est transformée en un club de bas étage et de parti ; nous avons vu tout un régiment à Metz, au plébiscite de 1870, voter carrément *Non*... pour se venger du major, qui négligeait, dit-on l'ordinaire du soldat et donnait de la mauvaise soupe ! C'est le cas de dire : on ne s'attendait guère à voir le pot-au-feu en cette affaire !

Piètre et triste chose pour une grande nation que de jouer son avenir et sa gloire au hasard d'un caprice, j'allais dire à pile ou tête.

Pauvre France !

Oh ! la piperie des mots, disait Montaigne.

Absurde, absurde !

Politique.

La science des sciences c'est le gouvernement des hommes.

Le vrai politique a des principes, le diplomate vit d'expédients... Telle est la politique de la France depuis 89... On déclare pompeusement les droits de l'homme, on supprime ses devoirs et on efface les droits de Dieu. C'est l'homme alors qui veut gouverner l'homme, et Dieu seul peut légitimement commander à l'homme et aux sociétés ! Dieu supprimé officiellement d'un Etat, les principes qui en dérivent disparaissent. Eteindre le soleil, c'est éteindre ses rayons; arracher la pierre angulaire d'un édifice, c'est le renverser !

Un génie, toutefois, au commencement de ce siècle, reconnut la nécessité de Dieu pour gouverner la France ; ce ne fut qu'un instrument politique, un frein dans la main du despote : « Je suis maître de l'Europe, mais je ne me sens pas assez fort pour commander à un peuple athée. » Ainsi parlait Napoléon. — Platon, résumant la pensée de l'antiquité, disait : « Tout repose sur la religion. » L'orateur romain n'était que son écho quand il affirmait que détruire la religion, c'était anéantir la société. » — Demaistre a dit : « Sans religion, le navire de l'Etat doit sombrer. Son ancre est brisée. » — Dieu l'avait proclamé : « Je suis le Roi des Rois, le Seigneur des Seigneurs. »

Les rois de France depuis Charlemagne jusqu'à Louis XIV, ont écrit dans leur charte : « Rois chrétiens, protecteurs de l'Eglise. » Les géants de l'humanité ne sont plus, ils sont descendus dans la tombe, et avec eux bientôt peut-être la nation française, qui fut jadis, au temps de sa grandeur, la fille aînée de l'Eglise.... Les pygmées sont venus. Les tartufes politiques ont exploité le peuple, versé son sang pour s'enrichir et jouir; et le jour des représailles a sonné. Le peuple désabusé, indigné de cette ignoble comédie dont il fut le jouet, se dresse menaçant, la haine au cœur, des paroles de mort sur les lèvres, le fer et la flamme à la main ! L'Internationale enfin est en armes, frémissante, implacable ; on a arraché Dieu au cœur de la nation, il lui faut du sang. Lorsque l'empire romain eut persécuté le peuple chrétien pendant de longues années, les barbares vinrent du fond de la Germanie pour châtier la superbe maîtresse du monde. C'était la verge du Tout-Puissant qui allait frapper ce colosse aux pieds d'argile et en faire un monceau de ruines...

Justice de Dieu !

La France aussi, en reniant son passé, s'est faite persécutrice de l'Eglise, de Jésus-Christ et de son chef auguste.

Le flot de barbares teutons est venu semant partout la dévastation et la mort. De nouveaux barbares se lèvent, le drapeau rouge est arboré.

Malheur, malheur ! si la France ne revient pas au Dieu de Clotilde et de saint Louis.

Remède.

Avant d'indiquer rapidement le remède à toutes les maladies nationales qui nous rongent comme un cancer menaçant, il nous faut poser quelques principes élémentaires et féconds...

Pour cultiver une plante, il faut connaître sa nature et ses propriétés, et l'homme, au dire de Platon, est une plante divine, qui a besoin pour se développer et porter ses fruits d'être soustraite aux influences d'un milieu délétère et confiée à un sol favorable et à une atmosphère bienfaisante.

1er Principe.

Pour diriger l'homme, le gouverner il faut le connaître.

Cette connaissance ne peut nous être donnée que par les sages et par Dieu son créateur. Or, d'après le divin Platon, Aristote, le philosophe par excellence, Cicéron et Sénèque, qui ne furent que d'illustres disciples des génies de la Grèce, l'homme est déchu de sa première noblesse...

L'homme est un ange tombé, a dit le poëte...

Dieu nous a révélé le même fait, et c'est pour réhabiliter le chef-d'œuvre de la création que le Fils de Dieu a pris notre nature, pour la guérir et l'anoblir encore. L'intelligence a perdu ses clartés, le cœur ses aspirations pour le bien, et la chair sa soumission à l'esprit. L'homme s'est détourné de Dieu... C'est un révolté au premier chef.

2e Principe.

Tout être inférieur est fait pour un être plus parfait. C'est la loi inflexible de l'univers. La plante germe, verdit et se couronne de fleurs et de fruits pour l'animal, et celui-ci est créé pour l'homme, l'homme pour Dieu. « Vous nous avez faits pour vous, Seigneur, dit saint Augustin. » Tel est l'ordre, la félicité, car le grand docteur définit le bonheur « la tranquillité de l'ordre. » Donc tout ce qui est en nous pour Dieu est dans l'ordre et procure le bien-être de l'âme.

La vérité même nous l'affirme... La paix, la

joie à toute âme qui est soumise à son Dieu. Un bonheur commencé sur la terre et la plénitude au ciel.

3ᵉ Principe.

Puisque le désordre est dans la nature raisonnable, pour y faire régner l'ordre et atteindre le bonheur, il faudra l'effort ou la *vertu*.

Donc :

1° Tout homme vertueux doit déployer de l'énergie contre soi-même pour faire la lumière dans son intelligence, implanter le bien dans son cœur et dompter la chaire en révolte... Tous ces mouvements déréglés de l'intelligence et du cœur se nomment passions. C'est l'orgueil, l'amour du plaisir, et des jouissances sensibles... fermentation sourde au fond de ce limon terrestre et au sein de cette flamme éthérée qu'on appelle l'âme humaine.

4ᵉ Principe.

Il a plu à Dieu, par un excès de bonté, de nous placer dans une région surhumaine, surnaturelle, et de nous assigner une fin ineffable dans la claire vue des perfections divines et dans la communication de son bonheur infini.

Mais dans ce milieu surnaturel, il faut un secours particulier, immédiat de Dieu, pour vivre de sa vie, et triompher de tous les obstacles, de nous-même et du monde... Ce secours s'appelle la grâce, ou une participation de la nature divine.

Donc, pour être heureux par la vertu et rétablir l'ordre profondément troublé en nous, il faut le secours divin ou la grâce, et la prière nous obtient cette faveur incomparable... C'est la clef du trésor éternel.

5° Principe.

On doit gouverner la société comme l'homme se gouverne lui-même, au moins dans ce qui est essentiel à la nature humaine.

Le chef d'un Etat doit compter avec la déchéance native de ses sujets ; il lui faut rétablir l'ordre par la vertu afin de rendre son peuple heureux, et, puisqu'en France la religion chrétienne est connue, et que ce peuple, par un privilége insigne de la libéralité divine, a été placé dans cette région surnaturelle, un roi chrétien doit favoriser la prière, le culte, les ministres et le chef de cette divine religion.

6° Principe.

Respect à l'autorité, aux lois, aux principes constitutifs de la société, à la personne investie du pouvoir, à la religion qui est la base de toute société. Donc, répression de tout ce qui porte atteinte à ces grandes choses... C'est l'arche sainte qui renferme les destinées d'un peuple, l'ordre, la prospérité, le bonheur.

COROLLAIRES

1° *Liberté.* — Liberté pour le bien, pour la diffusion de la lumière qui fait connaître Dieu et ses œuvres, l'homme et ses vertus, l'Eglise et ses bienfaits.

Répression de la licence qui obscurcit les attributs divins et les dénature. Répression de tout ce qui réhabilite l'homme déchu et les vices.

Silence à toute langue qui insulte l'Eglise et méconnaît sa grande et noble mission sur la terre.

2° *Libéralisme*. — Répression de l'erreur, du vice. Arrière, tous ces compromis de la lumière et des ténèbres, de Jésus-Christ et de Bélial. Frein à tous ces cultes bâtards, inventés par la passion en délire, et qui ont fomenté tant de troubles dans les royaumes, par exemple, les guerres de religion, le massacre des Cévennes, la Saint-Barthélemy, la Ligue...

Richelieu, l'immortel politique, disait en parlant du sectaire Saint-Cyran : « Cet homme est plus terrible qu'une armée... »

3° *Liberté des Cultes*. — Le malheur des temps force à tolérer les religions humaines et infernales. C'est une crise anormale qui nous amènerait la décadence et la barbarie. Il faut par tous les moyens prudents, travailler à extirper les plantes maudites enracinées sur le sol de la France chrétienne. Il le faut, il le faut !

Hélas ! l'ivraie laissée dans le champ étouffe le bon grain peu à peu, et en fait une région dévastée.

4° *Liberté de la Presse*. — Répression inexorable pour tous ces journaux qui, chaque matin, minent le trône, l'autel et la société. Censure, amende, incarcération. Il faut étouffer toutes ces étincelles venues de l'enfer, si l'on ne veut que l'incendie ne dévore l'édifice social, et qu'il ne reste de la France que des débris calcinés. Hélas ! jusqu'ici on n'a eu de chaînes que pour les feuilles catholiques. *L'Univers* se permet de critiquer le pouvoir qui asservit l'Eglise, le journal est suspendu, puis supprimé.

5° *Internationale.* — Dissolution radicale de ce grand corps dont la tête est à Londres, les membres et le glaive partout. — Ostracisme pour ces nouveaux Vandales. Point de condescendance avec ces monstres à face humaine. — Jouer aver le tigre ou le flatter, c'est compromettre sa vie... Cette race ne saurait s'apprivoiser ; elle veut du sang.

6° *Les Théâtres et les Cabarets.* — Surveillance le jour, la nuit... Eh quoi ! on fait une inspection minutieuse des breuvages que le débitant possède, et on laisse les jeunes gens hanter ces rendez-vous qui, d'ordinaire, ne sont que des écoles de révolte, de corruption et des tavernes d'ignominie.

Pour les théâtres, il faut que toute pièce du répertoire soit approuvée par qui de droit, et toute contravention rigoureusement punie.

7° *L'Université.* — Reconnue école d'impiété, de rébellion et de corruption précoce, pièces en mains.

Sans demander la suppression de ce grand corps, sans briser d'une main indignée ce mécanisme savant et infernal, œuvre du despotisme; plus de priviléges, plus d'argent, de bourses aux élèves. Liberté à tout établissement de fonctionner, pourvu que Dieu, la religion, la société soient choses respectées. Plus de monopole enfin. Un jury mixte pour les examens aux carrières libérales, et on verra ce grand arbre qui étend ses rameaux sur le monde s'écrouler avec fracas. —

— Et les anges d'applaudir et de chanter! Il est tombé, il est tombé l'arbre du mal, qui présentait le fruit de mort aux générations de l'avenir.

8° *Suffrage universel.* — Brisons le fétiche. La tête doit diriger le corps... Que l'élite de la nation intervienne dans la grande question de la chose publique.

Laissons l'ouvrier à son travail, l'homme des champs à sa culture, le magistrat à la justice, le soldat à son poste, l'artiste, le savant à leur chef-d'œuvre. Prenons dans chaque classe des représentants sincères, loyaux, chrétiens, français enfin.

Aujourd'hui, c'est le peuple qui gouverne, et, ainsi que le disait un critique, « la queue mène la tête.

« Autre temps, autres mœurs, dira-t-on. »

Les grandes questions politiques sont toujours les mêmes. Etudions notre histoire, profitons de l'expérience...

Moins il y a de rouages dans la machine administrative, mieux elle fonctionne, c'est la pensée de Descartes... et c'est aussi la leçon de notre passé.

9° *Politique.* — La France a quinze siècles d'existence, elle a son caractère, sa constitution, j'allais dire son tempérament. On ne change pas impunément d'habitudes à un certain âge de la vie... on expose sa santé par un caprice ou un trait de folie.

On parle de république, et la France est monarchique depuis sa naissance.....

Sans prétendre que l'âge de la décrépitude soit

venu, la France fut dans toute sa force et sa gloire sous Louis XIV. Conservons à sa glorieuse maturité de longs jours encore. C'est prudence et sagesse.

Quand la nation sera relevée, enrichie de convictions fortes et chrétiennes, peut-être alors pourra-t-on parler de cette chose séduisante qu'on nomme république, et qui demande trop de vertus civiques pour les Proudhon au petit pied et les Adonis du jour.

CONCLUSION

Le grand remède à tous nos maux, le remède radical, c'est la religion de Jésus-Christ.

Le corps humain séparé de l'âme n'est plus qu'un cadavre. Une nation, baptisée comme la France, sans Dieu n'est plus qu'une grande ruine.

Il n'y a plus d'hommes, plus de famille, plus de société, plus de France. — La religion seule peut refaire toutes ces saintes choses...

On ne travaille que pour la terre ou pour le ciel, pour soi ou pour Dieu.

L'individu sans religion est son centre unique, tout à lui, tout pour lui; il ne sait pas se dévouer, il n'espère plus et n'aime pas le prochain, le pauvre, l'infortuné, car il n'aime pas Dieu et il ne voit pas le délaissé dans le cœur de Notre-Seigneur et la couronne qui lui est destinée pour sa bonne œuvre... Séparée de Dieu, l'âme humaine est comme l'astre détaché du firmament qui se perd dans les ténèbres, dans la fange de la terre ou les abîmes de l'océan.

Le père de famille déshérité de son Dieu et de sa foi ne connaît pas le dévouement ; il s'aime et se flatte, il veut jouir, il n'a plus de cœur pour ce qui est faible et souffrant. Sa femme n'est pour lui qu'un capital exploité, un plaisir ou un jouet; ses fils un fardeau, un ennui.

Ainsi en est-il de la société, qui n'est que la famille aggrandie. Si l'autel de la religion ne reparaît point au foyer domestique, plus d'amour, plus d'union. C'est un temple désert où la mère chrétienne reste seule pour gémir sur un époux qui s'égare, et, comme Rachel, pleure sur des enfants qui ne sont plus, l'impiété a tué leur âme et desséché leur cœur.

Pauvres enfants donnés en pâture à l'impiété railleuse de Voltaire dans les lycées, ou jetés par les parents homicides dans ces ateliers, soupiraux du Tartare ! Pauvres petits, on vous sacrifie pour un peu d'or, un morceau de pain... Hélas! hélas !

Critique inexorable et maussade, me criera quelque sage cervelle, vous ignorez donc que nous avons une police organisée, une armée gardienne de l'ordre et de la justice... Un arsenal d'engins formidables... Le pouvoir des baïonnettes et du canon ! Hum !

Je sais tout cela, notre cher, et de reste... et du patriotisme, vous n'en dites rien. Il est si invisible, n'est-ce pas, et si fuyant.

Je respecte la France, ma mère, je ne veux

pas insulter à sa douleur, à ses humiliations... Oui, elle compte encore des soldats, des braves, mais dans les rangs des chrétiens ; elle a eu sa légion thébéenne, qui fut la légion fulminante à Loigny, sous les ordres d'un nouveau Maurice et de ses deux frères d'armes Cathelineau et Charette. Honneur à leur bravoure, immortalité à leur nom ! La religion peut seule encore retremper les courages et enfanter les héros. Mais par la Croix et sous l'étendart du Sacré-Cœur. On ne se dévoue et on ne meurt pour la patrie d'ici-bas que pour la patrie du ciel. On ne verse bien son sang que pour son roi et son Dieu, en rêvant à l'immortalité.

J'ai fini ; je n'ai voulu crayonner qu'une esquisse de nos folies et signaler le remède... Aux représentants de la France à comprendre et à faire, le péril est de plus en plus menaçant : le gouffre entr'ouvert. — *Caveant consules !*

Après les malheurs de Jérusalem, un statuaire illustre avait voulu immortaliser la douleur de la cité rebelle et en indiquer les causes ; une femme assise sous le palmier du désert, promenant son regard voilé de larmes sur des débris amoncelés et des ossements arides, indiquait de la main les deux tables de la loi gisant à ses pieds ; on lisait sur le socle de la statue : « La Judée captive. »

Il me semble voir la France symbolisée par une héroïne aux traits nobles et attristés jeter ses yeux mouillés de pleurs sur ses champs dévastés, ses villes en cendres et ses enfants égorgés. Le Teuton superbe et triomphant apparaît dans le lointain, et elle indique du doigt, gisant sur le sol ensanglanté, le livre de la promesse renversé. déchiré, souillé, ces mots : « Cause de nos malheurs. » Oui, c'est parce que la France a oublié son Dieu et son passé, qu'elle a blasphémé et renié celui qui la fait grande et triomphante, profané le jour qui lui est consacré, que le malheur l'a frappée, comme la foudre renversa autrefois ce téméraire qui osa porter la main sur l'arche sainte.

Reviens, noble nation de France, à la foi de tes pères, au Dieu de Clovis et de saint Louis; prends dans tes mains encore teintes de sang les tables de la loi du Sinaï. Ceins ton épée si longtemps invincible pour défendre l'oint du Seigneur, redeviens la fille aînée de l'Eglise, et on te saluera encore du nom glorieux de nation généreuse. chevaleresque et invincible.

Non. disait Châteaubriand, je n'écris pas sur le tombeau de la France, et moi aussi je l'espère. Je verrai de nouveau sa gloire; son étoile a pâli, elle n'est pas éteinte... Astre consolateur de l'espérance, je te salue.

SAINT-QUENTIN, IMP. JULES MOUREAU.